10

Pour l'édition originale :

info@mosquitobooksbarcelona.com

Traduit de l'espagnol par Maëlle Mas

Pour l'édition française :

1, rond-point du Général-Eisenhower, 31101 Toulouse Cedex 9, France
editionsmilan.com

Loi 49.956 du 16 juillet 1949 sur les publications destinées à la jeunesse.

Dépôt légal : janvier 2024 • ISBN : 978-2-408-03971-4
Achevé d'imprimer au 1er trimestre 2023 en Espagne

Plus d'informations sur la fabrication de nos livres :
editionsmilan.com/comment-fabriquons-nous-nos-livres

MIXTE
Papier issu de sources responsables
FSC® C104592

Tu vides tes étagères et connais déjà ce livre par cœur ? Donne-le !

VICTOIRES

Ces athlètes qui ont révolutionné l'histoire du sport

Mia Cassany • Iker Ayestaran

milan

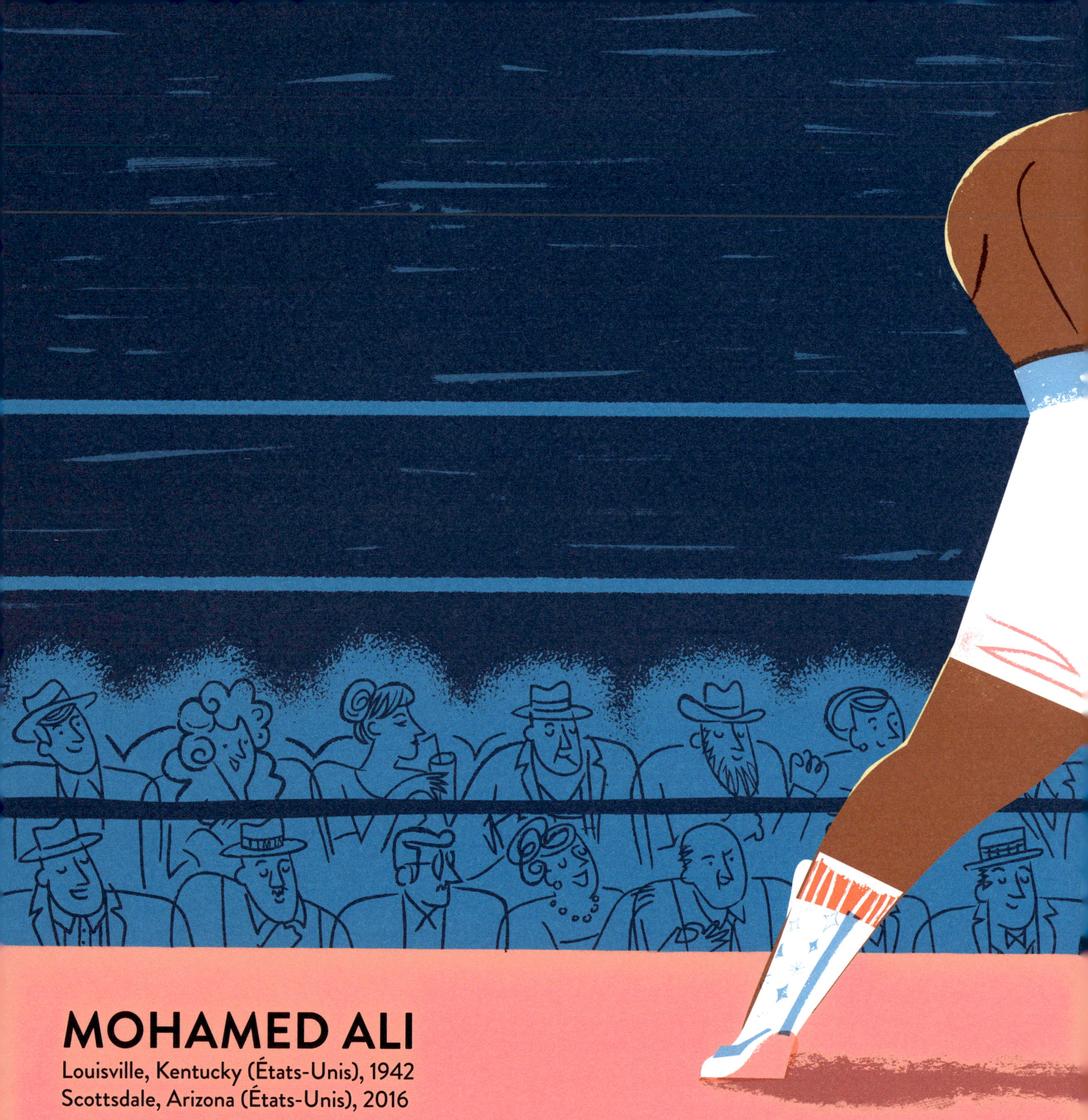

MOHAMED ALI

Louisville, Kentucky (États-Unis), 1942
Scottsdale, Arizona (États-Unis), 2016

Mohamed Ali est originaire d'une famille modeste d'artistes de Louisville. Il s'appelle alors *Cassius Clay*, mais changera son nom à l'âge adulte. C'est un enfant courageux qui ne tient pas en place, et que les injustices raciales qu'il subit mettent profondément en colère. Il rentre de l'école couvert de bleus, car son attitude rebelle face aux discriminations basées sur la couleur de sa peau lui cause des ennuis.

Un jour, sur le chemin du retour à la maison, on lui vole son vélo. Il rencontre alors un policier du nom de *Joe E. Martin*, qui lui donne le meilleur conseil de sa vie : « Toute la colère et toute la rancœur que tu ressens face aux injustices, tu dois les décharger sur un sac de boxe, avant de frapper qui que ce soit. »

Aussitôt dit, aussitôt fait. Le policier lui propose de l'entraîner, et découvre qu'il a devant lui l'étoffe d'un champion. Cassius commence la compétition. Très vite, les médailles et les trophées débordent de ses étagères. En 1964, il devient champion du monde dans la catégorie poids lourds. Mais son charisme et son caractère rebelle, qui ne l'ont pas quitté depuis l'enfance, le poussent à crier haut et fort son opposition aux discriminations raciales ainsi qu'à la guerre. Il continue à se révolter. Le gouvernement finit par lui retirer les titres qu'il a gagnés, et même par le mettre en prison. Malgré ses opposants, il continuera toute sa vie à se battre contre les injustices.

DICK FOSBURY

Portland, Oregon (États-Unis), 1947

Si surprenant que cela puisse paraître, l'innovation est plutôt rare dans le monde du sport. Les règles sont bien établies, et les techniques que les athlètes utilisent pour être les meilleurs sont souvent les mêmes. Mais que se passerait-il si tu te présentais à une compétition olympique de saut en hauteur en sachant que tes chances de gagner sont très faibles ?

C'est ce qui arrive à Dick aux Jeux olympiques de 1968, au Mexique. Il mesure 1,93 mètre, et, en raison de sa grande taille, il a beau s'entraîner, il ne parvient pas à maîtriser le saut en hauteur avec la technique du rouleau ventral. Loin de se décourager ou de s'avouer vaincu, il change de technique de saut et en développe une bien plus adaptée, dans laquelle le dos est arqué et les jambes sont pliées au-dessus de la barre.

Le premier jour de la compétition, tout le monde le regarde d'un air surpris, pensant qu'il est devenu fou. « Personne n'a jamais sauté comme ça », s'étonnent les connaisseurs. Mais, petit à petit, ils se rendent compte que Fosbury effectue les meilleurs sauts, et bientôt celui-ci gagne la médaille d'or et enregistre les plus hauts records olympiques dans cette discipline.

Dick ne participe pas aux Jeux olympiques suivants, mais, à la surprise générale, vingt-huit des quarante athlètes sélectionnés adoptent sa technique. Elle est désormais connue sous le nom de *fosbury flop*, et aujourd'hui tout le monde l'utilise ! Dick a démontré que, lorsqu'une situation nous pose problème, plutôt que d'abandonner, mieux vaut s'efforcer d'être inventif et de trouver une solution !

OAHU-82

GERRY LÓPEZ

Honolulu, Hawaï (États-Unis), 1948

On pourrait presque dire de Gerry López qu'il est né avec une planche de surf sous le bras. Dès l'âge de 7 ans, il commence à surfer de grosses vagues, et il devient rapidement l'un des plus jeunes surfeurs à affronter les vagues aussi difficiles qu'impressionnantes de Banzai Pipeline, à Hawaï. Dans cet endroit, devenu mondialement connu au cours des années 1970, se réunissent les surfeurs les plus intrépides, venant de tous les coins de la planète dans l'espoir de surfer sur les plus grosses vagues jamais vues.

Gerry maîtrise parfaitement les vagues avec les longues planches qui sont utilisées à l'époque, mais sa curiosité et son envie d'apprendre le poussent à l'innovation. Il crée des planches courtes, plus légères, mais aussi plus compliquées à manier. Ces nouvelles planches induisent des mouvements courts et intenses, et Gerry se meut naturellement sur les vagues, comme s'il jouait avec elles. Cette danse du surfeur avec les vagues est si belle que beaucoup d'autres se mettent à suivre ses pas, donnant naissance, sans le savoir, au surf tel qu'on le connaît de nos jours.

Comme Gerry le dit lui-même : « La vie, tout comme les vagues, est changeante, et tu dois apprendre à danser à son rythme, ou elle te passera sous le nez. Il faut être spontané, toujours en vouloir plus et s'efforcer d'aller plus loin. »

EDURNE PASABAN

Tolosa, Guipuscoa (Espagne), 1973

Edurne Pasaban est la première femme à avoir relevé le défi le plus difficile qui soit pour tout alpiniste : gravir les quatorze sommets de plus de 8 000 mètres, les plus hautes montagnes sur Terre. Pour y parvenir, il lui aura fallu faire preuve de volonté et de dépassement de soi pendant près de dix ans.

Sa première expédition dans l'Himalaya remonte à 1998, lorsqu'elle entreprend d'escalader son premier 8 000. Cette tentative se termine à seulement 272 mètres du sommet en raison de la quantité de neige accumulée, qui l'empêche d'aller plus haut. Elle n'y parvient que neuf ans plus tard. La même chose se produit sur l'Everest : ce n'est qu'à son troisième essai qu'elle atteint le sommet, devenant ainsi la troisième femme espagnole à gravir cette montagne.

Lors de son septième sommet à plus de 8 000 mètres, elle subit de graves engelures pendant la descente et ne peut la terminer. Cette terrible expérience plonge Edurne dans une profonde tristesse, et, pour la première fois de sa vie, elle est sur le point d'abandonner, de renoncer à l'alpinisme et de laisser les montagnes derrière elle pour toujours. Mais son courage et son envie de se dépasser prennent le dessus un an plus tard, et elle revient plus forte que jamais pour s'attaquer aux sommets restants. Selon elle, atteindre le sommet, ce n'est pas seulement surmonter un parcours difficile, c'est aussi comprendre que, pour gagner, il faut accepter de perdre quelquefois.

GERTRUDE EDERLE

New York, État de New York (États-Unis), 1905
Wyckoff, New Jersey (États-Unis), 2003

La passion de Gertrude est née de sa plus grande peur : enfant, elle est tombée dans un lac et, ne sachant pas nager, elle a failli se noyer. C'est à partir de ce moment-là qu'elle décide d'apprendre à nager et même à apprécier l'eau. Alors qu'elle est déjà assez bonne nageuse, elle attrape la rubéole, qui attaque gravement son ouïe. Les médecins lui interdisent immédiatement la natation, mais il est trop tard : elle est tombée amoureuse de ce sport. Elle continuera à nager, et accomplira des exploits. À l'âge de 15 ans, elle participe aux Jeux olympiques de Paris et remporte la médaille d'or du relais 4 × 100 mètres nage libre ainsi que deux médailles de bronze individuelles. À 19 ans, elle devient la première femme à traverser la Manche à la nage, en crawl. Dès lors, elle ne cesse de se surpasser, réalisant de très longues traversées en pleine mer. La presse commence à l'appeler *miss Gertrude Ederle*, *la sirène*, ou *la reine des vagues*.

Gertrude continue à nager et à se perfectionner, mais son problème d'audition est de plus en plus grave. Elle n'en tient pas compte, refusant de l'accepter, jusqu'à ce qu'elle doive finalement se retirer de la compétition. Elle décide alors de mettre à profit tout ce qu'elle a appris. Elle commence à enseigner la natation à des enfants sourds et malentendants dans une école à New York, pour leur apprendre non seulement à se mouvoir dans l'eau, mais aussi à ne pas se laisser submerger par les difficultés.

ANDRE AGASSI

Las Vegas, Nevada (États-Unis), 1970

Considéré comme l'un des plus grands joueurs de tennis de tous les temps, Andre Agassi n'a pourtant pas choisi ce sport de lui-même. C'est son père qui a décidé d'en faire coûte que coûte une figure célèbre du tennis, et Andre en a payé le prix fort. Obligé de s'entraîner toute la journée et parfois même la nuit, sans jamais pouvoir prendre le temps de jouer avec ses amis ou de s'amuser, il comprend vite que, pour satisfaire son père, il doit gagner des matchs. Et il enchaîne les victoires.

Il joue avec toute la rage et l'intensité dont il est capable. Le public l'admire de plus en plus et envie sa réussite apparente. À chaque coup de raquette, Andre se persuade que l'image que l'on donne est le plus important, même si elle n'a rien à voir avec ce que l'on ressent.

Parfois mal à l'aise dans ce sport qu'il n'a pas choisi, Andre Agassi montre son caractère rebelle en disputant d'importants tournois vêtu d'un short en jean, ou en portant une exubérante perruque blonde qui dissimule sa calvitie.

Andre s'apaise avec le temps et comprend que montrer nos fragilités contribue à nous rendre plus forts.

SONJA HENIE

Oslo (Norvège), 1912-1969

Depuis toute petite, Sonja adore le sport et la compétition. C'est naturel, car c'est ce qu'elle connaît depuis toujours : avec un papa champion du monde de cyclisme et une mère amatrice de danse, il ne pouvait pas en être autrement. Se montrant très tôt douée pour le patinage, elle parvient rapidement à devenir la meilleure dans ce sport. Elle commence à remporter des titres dès l'âge de 11 ans, et, alors qu'elle est encore très jeune, elle obtient trois fois le titre de championne olympique, et dix fois celui de championne du monde ! Rien ne l'arrête.

Sa remarquable habileté sur des patins la décide à se tourner vers le patinage sur glace, une catégorie de patinage particulièrement difficile, que Sonja, grâce à sa sensibilité et à sa bravoure, parvient à marquer à jamais.

Avant elle, les patineuses s'efforcent d'effectuer des mouvements stricts et précis, appliquant les techniques apprises, mais Sonja réussit à concilier la perfection et la rigueur avec des mouvements fluides propres à la danse.

À la surprise générale, elle se présente un jour à une compétition vêtue d'une minijupe. C'est une première dans l'histoire du patinage ! Mais ce vêtement permet assurément une plus grande liberté de mouvement, et c'est aujourd'hui une tenue phare dans cette discipline.

Si l'audace de Sonja a d'abord suscité de nombreuses critiques, elle a fini par faire sensation. Aujourd'hui, on ne conçoit plus le patinage artistique sans les magnifiques mouvements de danse qui le caractérisent. Voilà la véritable victoire de la patineuse : loin d'avoir peur, elle a osé changer les règles du jeu pour créer un sport encore plus beau.

PELÉ

Minas Gerais (Brésil), 1940
São Paulo (Brésil), 2022

Edson Arantes do Nascimento, mondialement connu sous le nom de *Pelé*, est né dans l'une des régions les plus pauvres du Brésil, entouré d'une famille aimante. Il partage le goût de son père pour le football.

En 1950, la défaite du Brésil face à l'Uruguay lors du match décisif de la Coupe du monde le choque, car il voit son père, un homme d'ordinaire joyeux, pleurer de tristesse. Il promet alors qu'un jour il gagnera ce trophée pour son père.

Personne n'aurait parié que ce garçon sans ressources serait capable de réaliser ce rêve presque inaccessible. Et pourtant, grâce à un entraînement très dur, mais surtout à sa persévérance et à son esprit combatif, qui le pousse à ne jamais abandonner, Pelé devient joueur professionnel. Et il remporte bien la Coupe du monde qu'il avait promise à son père… pas une fois, mais trois fois, en 1958, 1962 et 1970 ! Cela fait de lui le joueur l'ayant remportée le plus de fois.

Pelé devient une véritable légende du football dans le monde entier. À la mort de son père, sa mère lui remet le nécessaire de cireur de chaussures de sa jeunesse. Il reste même une pièce à l'intérieur, le premier salaire gagné par Pelé. Sa mère l'a précieusement conservée toutes ces années, car elle sait combien il a lutté pour triompher. C'est une jolie manière de rappeler à son fils d'où il est parti et où il est arrivé grâce à sa détermination. L'histoire d'un rêve devenu réalité !

GINO BARTALI ET FAUSTO COPPI

Ponte a Ema (Italie), 1914 – 2000
Castellania (Italie), 1919 – Tortone (Italie), 1960

On dit qu'il ne peut exister de belle et vraie compétition sans une forte rivalité, et c'est justement l'histoire de ces deux cyclistes durant toute leur carrière.

Pendant des années, ils se disputent le *Giro* (le Tour d'Italie), le Tour de France et autres trophées : ils pédalent côte à côte, courant toujours l'un dans l'ombre de l'autre.

De manière presque caricaturale, ils sont en tout point opposés. Bartali est conservateur, sérieux et stratège. Il se distingue par son élégance et ses bonnes manières. Quant à Coppi, il est imprévisible, mélancolique, impulsif, porteur d'idées révolutionnaires. C'est la combinaison parfaite pour que le public aime soit l'un, soit l'autre.

Coppi remporte cinq fois le *Giro* et deux fois le Tour de France. Bartali, quant à lui, est trois fois vainqueur du *Giro* et gagne le Tour de France à deux reprises. Ce n'est pourtant qu'après sa mort que l'on apprend sa plus grande réussite : pendant la Seconde Guerre mondiale, il a transporté de faux papiers dans son vélo, aidant à sauver plus de huit cents Juifs !

Bien que l'on n'ait pas de certitudes, beaucoup affirment que Bartali n'a révélé ce secret qu'à son plus grand rival, Coppi, qui ne l'a jamais trahi.

1.00
SWISS TIMING

NADIA COMĂNECI

Oneşti (Roumanie), 1961

Avant Nadia Comăneci, les juges des concours olympiques de gymnastique partent du principe qu'aucun athlète ne parviendra jamais à réaliser un enchaînement parfait. Ils considèrent que la perfection n'existe pas, puisqu'il est toujours possible de s'améliorer ; ils sont très sévères dans leur notation et sont convaincus que personne ne peut les faire changer d'avis. Mais, à Montréal, en 1976, l'enchaînement de la jeune Nadia aux barres asymétriques est tout simplement excellent. Les juges lui donnent le premier 10/10 de l'histoire des Jeux olympiques. Et ce ne sera pas son dernier !

L'annonce de la note est un moment cocasse, car les tableaux ne sont pas conçus pour donner 10 aux athlètes et ne sont programmés qu'avec trois chiffres. C'est donc la note de 1,00 qui s'affiche pour Nadia. Un des juges crie depuis sa table en agitant les bras : « C'est un 10, c'est un 10, pas un 1 ! »

De nos jours, nous disposons désormais de tableaux d'affichage prêts pour la perfection.

357
390
261
534
367
657

KATHRINE SWITZER

Amberg (Allemagne), 1947

Kathrine Switzer est la première femme au monde à participer à un marathon avec un dossard. Jusqu'en 1967, seuls les hommes sont acceptés au marathon de Boston. Si une femme décide de courir une partie ou la totalité du parcours, elle doit le faire sans dossard, c'est-à-dire qu'elle ne participe pas officiellement à la compétition : les femmes ne comptent pas. Kathrine souhaite concourir, et elle veut un dossard qui en témoigne.

Pendant la course, l'un des organisateurs, Jock Semple, tente de l'arrêter. Il lui crie : « Sortez de ma course, et donnez-moi ce dossard ! » Mais il ne réussit pas à l'atteindre, car le petit ami de Kathrine et d'autres participants font barrage pour permettre à la jeune femme d'arriver au bout du parcours. On la photographie comme une curiosité, on la poursuit afin de l'empêcher de continuer, et, finalement, on la disqualifie au moment où elle franchit la ligne d'arrivée. Mais tout cela ne la décourage en rien, bien au contraire.

Ce n'est que le début de sa carrière de coureuse professionnelle. Elle va jusqu'à gagner le marathon de New York en 1974 et arrive deuxième au marathon de Boston en 1975, où elle enregistre sa meilleure performance, en 2 heures 51 minutes 37 secondes.

Kathrine Switzer démontre que la course à pied n'est pas réservée aux hommes, et, durant plus de quarante ans, elle est l'une des activistes les plus importantes du sport féminin. Grâce à ses accomplissements et à sa lutte, après de nombreuses années et beaucoup d'efforts, elle obtient que toutes les femmes puissent participer aux marathons.

HARRY VARDON

Grouville, Jersey (Royaume-Uni), 1870
Totteridge (Royaume-Uni), 1937

Harry Vardon est considéré comme la première célébrité dans le monde du golf. Et, des décennies plus tard, son influence est encore palpable, puisque de nombreux joueurs continuent à utiliser ses techniques.

Pratiquer un sport de manière professionnelle exige d'immenses efforts et une grande rigueur, parfois loin de l'aspect plaisir du sport. Mais Harry Vardon décide que, pour bien jouer, il doit s'amuser.

Le golf est un sport très technique, aux règles strictes. Et, à l'époque, les vêtements de golf sont très inconfortables et compliquent les mouvements des joueurs. Harry commence à s'affranchir des règles et à jouer beaucoup plus librement. Il est l'un des premiers à frapper la balle en levant le bras et en dessinant un demi-cercle en l'air. Il invente également une nouvelle façon de saisir le club, le fameux *grip Vardon*, utilisé par la plupart des golfeurs.

S'amuser et prendre du plaisir à pratiquer un sport : c'est le secret d'Harry Vardon pour remporter les plus beaux trophées.

MA LONG

Anshan (Chine), 1988

Ma Long est né l'année du Dragon selon l'horoscope chinois. Son nom même signifie « dragon », associé dans la culture chinoise à la grandeur et à la puissance.

Enfant, Ma Long est timide et préfère lire des livres en solitaire plutôt que discuter et passer du temps avec des amis. Il commence à jouer au tennis de table avec son père, qui souhaite le voir faire du sport et tisser des liens avec les autres. Ma Long joue à merveille, et il est accepté à 13 ans à l'école de sport de Xicheng, à Pékin. Même s'il a toujours le sourire, il reste taciturne.

Ma Long exprime peu ses sentiments. On lui refuse par deux fois de participer aux Jeux olympiques, parce que l'on juge qu'il n'est pas encore prêt. Il continue à s'entraîner sans se plaindre, toujours aussi discret que persévérant. En 2016, il dispute enfin les Jeux olympiques, et remporte la précieuse médaille d'or.

Ce n'est qu'à ce moment-là que son entraîneur parle à la presse du courage dont Ma Long a fait preuve pendant ses années d'études, lorsque beaucoup de ses camarades de classe profitaient de sa timidité pour le malmener.

Cela n'a pas empêché le Dragon de poursuivre son objectif et de prouver à tous que le vainqueur n'est pas toujours celui qui fait le plus de bruit.

PATTI MCGEE

Santa Monica, Californie (États-Unis), 1945

Dans leur enfance, Patti et ses amis passent leur temps libre avec une planche de surf sous le bras, à attendre que l'océan leur offre les meilleures vagues à surfer. L'océan ne cédant pas toujours à leur désir, ils cherchent à ressentir les mêmes sensations que celles que l'eau leur procure, mais sur le bitume. De cette façon, ils sont sûrs de s'amuser ! C'est ainsi que naît la folie du skateboard.

La première planche de skate en bois de Patti est un cadeau de son frère, qu'il fabrique lui-même dans un atelier de menuiserie du quartier où ils habitent. Patti passe des heures et des heures sur ce premier skate, la plupart du temps pieds nus, comme si elle était encore à la mer. Elle devient championne nationale de skate aux États-Unis et la jeune femme la plus rapide sur une planche à roulettes, atteignant les 75 kilomètres/heure.

Elle fait la couverture des revues les plus importantes du monde, comme *Life*, qui immortalise son mythique poirier sur sa planche, la tête en bas, uniquement appuyée sur les mains.

Patti continue à faire tout ce qui lui plaît et ce qu'elle sait le mieux faire, sans écouter ceux qui disent que le skate n'est pas un sport pour les filles ou que celles-ci ne sont pas faites pour tomber par terre. Sans discours, la victoire de Patti a été de prouver au monde entier qu'il n'existe aucun sport qui soit réservé aux garçons ou aux filles.

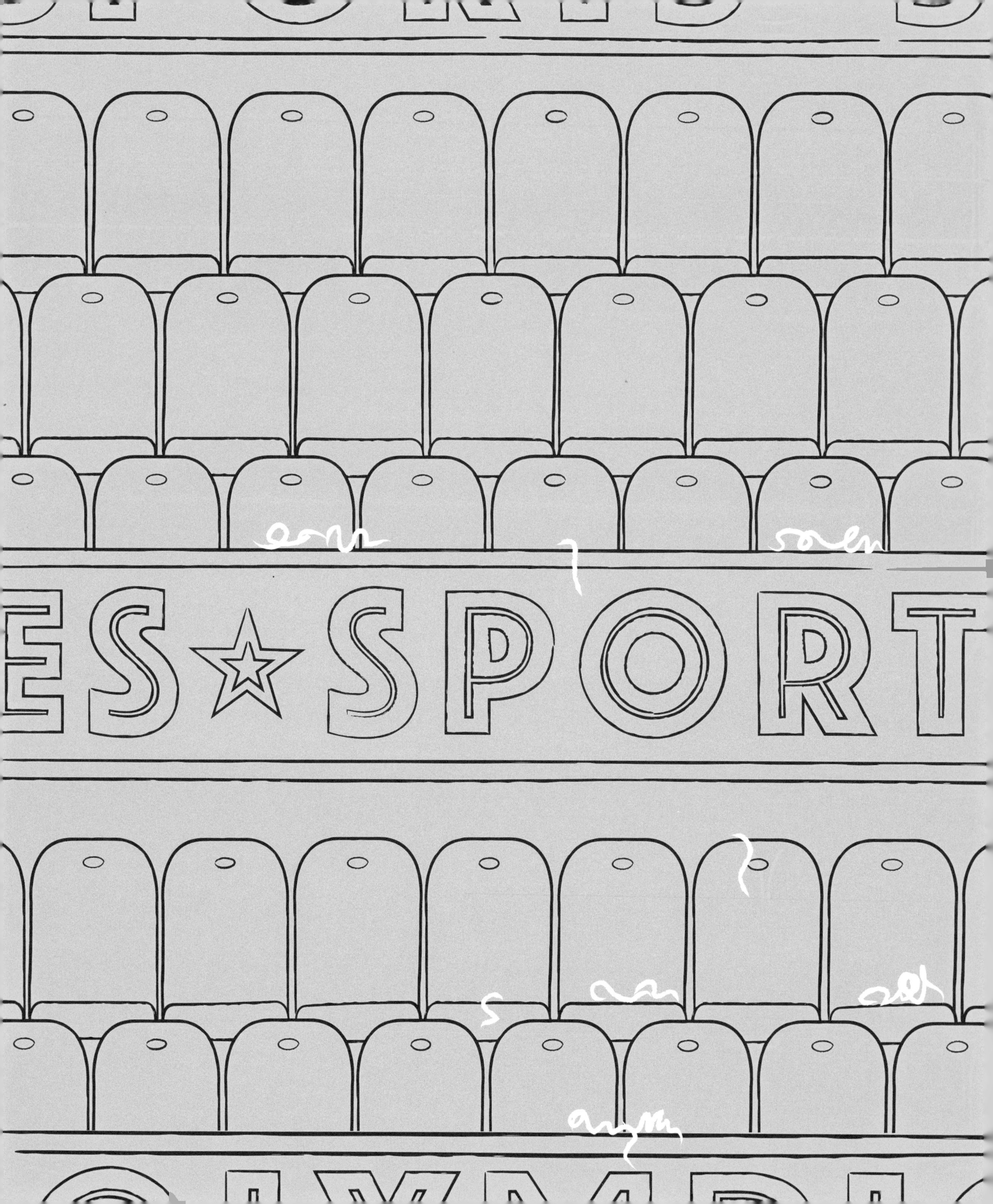
ES ★ SPORT